JN129671

ダニヤ経

―ブッダが説くゆるがないしあわせ―

スッタニパータ第１章のⅡ

文　吉水 秀樹
絵　畠中 光享

はじめに

ダニヤ経は二千五百年以上の年月が経過しても、なんら色あせることがなく、相変わらず奥深く魅力のある経です。その魅力のひとつは、この経に描かれているダニヤさんの幸福観が、二十一世紀を生きる現在のわたしたちの幸福観と何ひとつ変わらない点です。わたしたちはこの経を読むうちに、自分の姿をピッタリとダニヤさんに重ねて、今ここでブッダと対話しているような、不可思議な緊迫した臨場感さえ感じることができます。

ダニヤ経の主題は、物質に依存したダニヤさんの「幸福」に対比される、何ものにも依存しないブッダの「真実の幸福（涅槃《ねはん》）」にあります。

《ダニヤ経とスッタニパータ》

ダニヤ経はスッタニパータとよばれる初期仏教の経典のなかにあります。日本に漢訳経典として伝来することはありませんでした。二十世紀になってようやく、中村元《はじめ》先生が岩波文庫から「ブッダのことば」として、南伝大蔵経のスッタニパータを出版されて、その第一「蛇の章」の二番目に「ダニヤ」として紹介されました。ダニヤ経は十七の偈《げ》からなる短い経です。

わたしは今から約四十年前の学生時代、このダニヤ経がスッタニパータ岩波本の最初の数ページ目に出てくるので、偶然に読むことができました。このダニヤ経と第三の「犀《さい》の角《つの》」、通称「犀角経《さいかくきょう》」だけは、けっしてその名前を忘れることはありませんでした。その理由は、この二つの経はたいへん個性的で、いったい何が書いてあるのだろうと不思議に思ったことと、独特のリズムと美しさがあるからです。わたしは一度読んだきりで、内容を十分理解したわけではありませんでしたが、何十年たっても、この二つの経の名前と印象を忘れることはなかったのです。

ご存じない方のために簡単に説明しておきます。このスッタニパータという経典はたいへん由緒ある経です。数ある仏教経典のなかで最も古く、みなさんがよくご存じの、法隆寺に伝わるサンスクリット本の般若心経よりも、さらにさかのぼること五百年と言われています。お釈迦さまが話された言葉の原形に触れることができる唯一の経典であり、パーリ語という、お釈迦さまが話されていた言語にたいへん近い言語で伝わっています。実在したお釈迦さまの姿を感じとることのできる比類のない仏教経典なのです。

「スッタニパータ」sutta-nipāta のスッタは「経」、ニパータは「集まり」で、「経の集まり」という意味です。千偈以上の詩句で構成されているこの経は、初期仏教の仏弟子たちがその教えの内容を簡潔にまとめ、あるいは韻文詩のかたちで表現したものです。多数の詩のなかには、お釈迦さま自身が詠《よ》まれた詩も含まれている可能性が少なからずあるのも、この経の特徴と言えます。

《ダニヤ経の背景》

ダニヤ経は、今から二千五百年以上の昔、ブッダの在世時に実際にあったできごとをもとにして、韻文詩のかたちをとって伝承されてきました。ダニヤは人の名前で、詳しくはダニヤ・ゴーパーラと言われています。

ブッダが在世していた古代インドでは、それより以前にインダス文明という高度な文明が発展していました。また、当時のインドには、ヴェーダ（もとの意味は知識）とよばれる聖典にもとづく宗教文化があり、バラモンとよばれる身分階級の高い知識人たちがいました。ダニヤもバラモン階級に属する人であったと推察できます。

彼らには、日本の平安時代の貴族がそうであったように、日常のこころの動きを即興の詩で詠んだり、またはじめて会った者同士が詩を詠みあって、互いの意見や知識を交流し、問答し、時には論争しあう、という言語文化が広まっていました。

ダニヤ経の登場人物は、ブッダと牛飼いダニヤの二人です。最後にパーピマンという悪魔が登場するのも見逃せません。どうぞ、一偈一偈をじっくりと読み、ご自身を牛飼いのダニヤと重ねて、ブッダとの一問一答、初期仏教の世界をお楽しみください。

目次

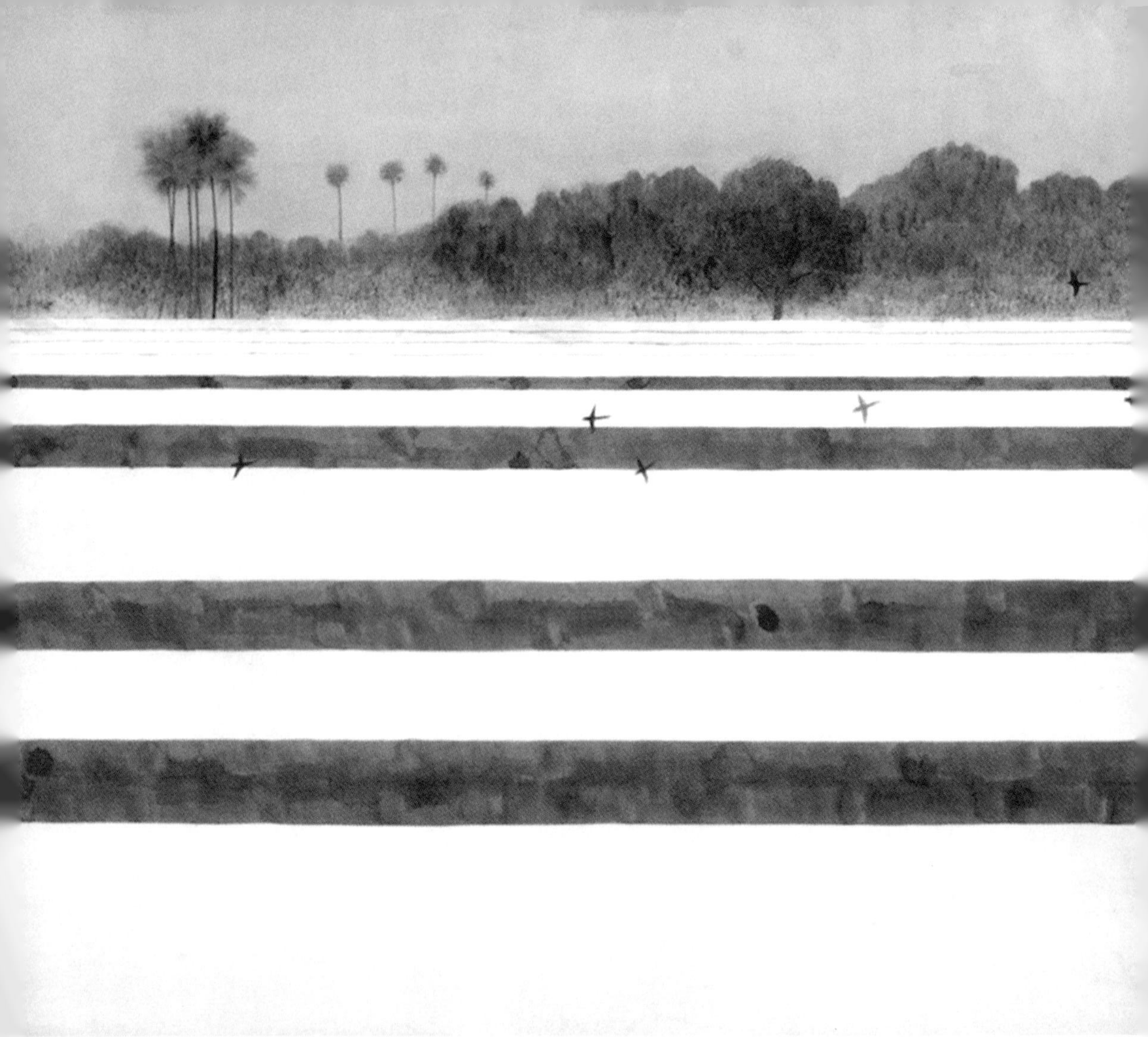

〈プロローグ〉

むかし、インド西部マヒー河のほとりに、ダニヤという牛飼いの男が住んでいました。ダニヤの牧場は広く、沼地には豊かな牧草がしげって、牛たちがのんびりと暮らしていました。牧場にはたくさんの牛たちのほかに、ダニヤの家族の暮らす屋敷と、使用人たちが住む小屋がありました。ふだんは静かで穏やかなマヒー河ですが、上流には高い山々がそびえつらなり、ときおり大雨とともに氾濫をおこし、河辺に住む人々の住まいを飲み込む甚大な被害を与えていました。

ある日のこと、一日の仕事を終えたダニヤは、マヒー河のほとりを散歩していました。通りすがりの丘の大きな樹下に、ひとりの出家者が坐っていました。僧の姿は立派で、その表情からは智慧《ちえ》の光が放たれているように見え、周囲が輝いていました。ダニヤは、その出家者の姿に惹《ひ》かれ、みずから近づいていきました。

ダニヤが出会った出家者は、お釈迦さまでした。ダニヤはまだ、お釈迦さま（ブッダ）の存在を知りませんでした。自分の暮らしに自信を持っていたダニヤは、たとえ立派な僧でも、けっしてわたしほどの幸福を知らないだろう、と考えました。

ダニヤはブッダに近づいて、問答にいどみました。

牛飼いダニヤが言いました。

「わたしは、乳をしぼって、ご飯も炊いて、ここにいます。
マヒー河のほとりに、家族と暮らす住まいがあります。
わが家の屋根は葺《ふ》かれ、火が焚《た》かれています。
神よ、もし雨をふらそうと望むなら、雨をふらせよ」と。

一

「わたしは、乳をしぼって、ご飯も炊いて」という言葉は、一日の仕事を終えて、晩ご飯の用意もできています、という意味です。わたしたち世俗の人間にとって、日々の安定した生活の確立こそが肝心かなめです。一日の仕事を終えて家族の待つわが家への帰路を急ぐ、わたしたちの毎日の暮らしや幸福観を示しています。

「屋根は葺かれ」は、粗末な小屋ではなく、頑丈な家を意味しています。現代的に言うなら、大手ハウジング会社に建てさせた耐震強度も十分な家に住んでいる、といった意味です。「火が焚かれ」ですが、当時はマッチやライターがありません。火をおこすのは現代のように簡単ではありませんでした。そのために、火の番人という仕事があり、専門に雇うことがあった時代なのです。これも自分が裕福な暮らしをしていることを示す言葉だと思われます。

偈の最後は、「神よ(注1)、もし雨をふらそうと望むなら、雨をふらせよ」です。まず、この言葉は相当な自信を意味しています。大雨でも雷でも、どうぞ来てください。わたしには十分な備えがあるので大丈夫ですよ、とダニヤさんは豪語するのです。しかし、ダニヤさんはなぜ、わざわざこのような詩を詠《うた》ったのでしょうか？　人の心理の奥底を推察するなら、次のようなことが考えられます。ダニヤさんが暮らす牧場のそばのマヒー河は過去に何度も大洪水を起こし、人々に甚大な被害を与えています。ダニヤさんのこころの奥には、いつか洪水が起きて牧場が流されてしまいはしないか、という一抹の不安があったのでしょう。その不安が、わざわざこのような強がった詩を詠ませたのではないでしょうか。

ブッダは答えました。

「わたしは、怒りと頑固さを離れたものとして、ここにいます。

マヒー河のほとりで、一夜の宿りをなします。

家は解体され、火は消されています。

神よ、もし雨をふらそうと望むなら、雨をふらせよ」と。

二

いよいよブッダの返答の一偈《げ》目です。ダニヤさんのはじまりの言葉は「ご飯も炊いて」でした。パーリ語では、pakkodano「パッコーダノー」です。ブッダは韻をふみ、akkodhano「アッコーダノー」「怒りなく」という言葉を選び、みごとに詠います。どうぞ、付録のパーリ語を読み、その美しさを感じとってください。

さて、ダニヤさんが「乳をしぼって、ご飯も炊いて、ここにいる」と語ったのに対して、ブッダは「**わたしは怒りと頑固さを離れて、ここにいる**」と詠ったのです。ダニヤさんは、日々の生活の安定こそが第一で、わたしにはそれが確定しています、わたしは一日の仕事をなし終えてここにいます、と詠みました。しかし、ブッダはダニヤさんの仕事が終わっていないことを知っていました。なぜなら、彼はまた明日も同じ仕事を繰り返す必要があり、ほんとうの意味での仕事をなし終えてはいないのです。

ブッダの第一声は「**怒りを離れて**」です。この言葉が選ばれたのは偶然ではありません。「怒り」こそがすべての人間の悩み苦しみの原点にあるもので、修行者が最初になすべきことは、「怒りを離れる」ことなのです。そして、その「怒り」を完全に捨て去ることは、修行の完成を意味し、仏教者の目指す最終目的ですらあるのです。

ここで、ダニヤ経を含んだ千偈以上の詩句からなる経典、スッタニパータの第一番目の偈を見てみましょう。

★身体に入った蛇の毒をただちに薬で消すように、生じた怒りを速やかに取り除く者は、この世とあの世をともに捨てる。蛇が脱皮して古い皮を捨て去るように。　スッタニパータ　1.

この偈では、怒りを蛇の猛毒にたとえ、速やかに怒りに気づくこと、そして、怒りを完全に捨てた者は、この世もあの世もともに捨て、二度と母体に宿ることのない涅槃へ至る、と説いているのです。

さて、「怒りなく」の次は、「**頑固さを離れて**」です。「頑固さ」とは「キメツケ」のことで、固定した考えのことです。「自分の考えを正しい」として、「あなたは間違っている」と決めつけることです。そもそもすべての「怒り」の奥には、「自分が正しい」という見解が必ずあります。ふつうの人はその「自分が正しい」という考えがあることに気づかず、認めようともしません。考えや見解は、どこまでいってもちっぽけな自分の考えであって、その見解を持つこと、正しいとすること自体が間違いで、怒りの正体なのです。いずれにせよ速やかに気づき、手放すのです。

「**家は解体され**」の意味ですが、家とは「わたし」のことです。ブッダは冥想によって、自分というものの正体を知り尽くしたと言っているのです。仏教では、「わたしがある」「わたしは存在する」と言う「わたし」の正体を五つの塊に分けて、それを「五蘊《ごうん》」と言います。ですから、まず「わたし」という妄想概念は五つの塊に解体されました。五蘊とは、「色蘊・受蘊・想蘊・行蘊・識蘊」です。その五蘊の正体を「無我」、どこにも実体はないと説きます。般若心経で言うところの、「五蘊皆空」です。わたしという実体はどこを探してもありません。

五蘊は「色《しき》と受想行識」とも言われています。簡単に説明すると、色は物質・肉体です。受想行識は感覚と感情も含めた認識の働きです。色=肉体は、やがて壊れゆくものです。肉体はすべて自分以外の物でできています。身体のどこを探しても自分と言えるものは見つかりません。感覚や認識も実体などあるはずもなく、現れては消えてゆく、無常なものです。そのありのままの姿は冥想によって観察され、観察し尽くされ、肉体に対する執着も、自我に対する執着も、もはや微塵《みじん》もありません。これが「家は解体され」の意味するところです。

ダニヤさんが、「火が焚かれています」と語ったのに対して、ブッダは「**火は消されています**」と詠います。「消されている」は、nibbuta「ニッブタ」という言葉が使われています。「涅槃」を意味するニッバーナと関連した形容詞で、「寂滅した」状態を示しています。つまり、怒りのもとになる欲への執着、「貪欲の火は、消されている」と詠っているのです。

ブッダも同じく、「神よ、もし雨をふらそうと望むなら、雨をふらせよ」と、一偈を締めくくります。雨は自分の思いどおりにならないものを象徴しています。ダニヤさんの言葉には、強がりやそうでありたいという願望が混じっているのですが、ブッダのこの言葉には、裏も表もありません。何か守ろうとするもの、執着にあたいするものが何ひとつなく、語った言葉のとおりなのです。

ここで、「寂滅」について説明しておきます。「寂静」という仏教用語もあって、「寂滅」と「寂静」が違った言葉からできていることを知らない人も多いと思うのです。

・寂滅＝nibbuti ニッブティ　「消火する・吹き消す」がもとの動詞 nibbāti ニッバーティの意味です。
そこから nibbāna ニッバーナ、涅槃・寂滅という言葉もできています。

・寂静＝santi サンティ　こころが静かなこと、寂止。辞書には寂滅ともありますが、ほんらい静けさをあらわす言葉かと思います。

仏道を歩む者は、まず流転するこころを静める「寂静」につとめ、その完全な止滅をほんとうの幸福、すなわち寂滅（涅槃）として目指します。

もう一度、この偈を意訳します。

『わたしは怒りと執着、見解を持つことを離れました。わたしとしているものの正体をありのままに観察して、何ひとつ実体としてあるものは存在しないと達観しました。すでに、こころは完全な静寂に至り寂滅しました。神よ、もし雨をふらそうと望むなら、雨をふらせよ』と。

牛飼いダニヤが言いました。
「ハエや蚊もいません。
牛たちは、沼地でよく育った草を食べて歩む。
たとえ雨がふっても、彼らは耐えられるでしょう。
神よ、もし雨をふらそうと望むなら、雨をふらせよ」と。

三

わたしは若いころ十年近く畜産にたずさわった経験があります。畜産業では、牛舎や鶏舎にハエや蚊が発生することが伝染病などの起こる最初の兆候です。ハエや蚊が少なく清潔で、適度に乾燥した環境であることが、牛の搾乳量や鶏の産卵に直接的に影響します。ダニヤさんは、自分の牧場にはよく育った牧草があり、豊かで清潔な申し分のない環境だと自慢げに詩を詠んでいます。しかし、この偈を詠んでいるときに、すでにはるか彼方《かなた》に、黒い雨雲が確認されます。ダニヤさんは、ほんとうは少し動揺したのですが、強がって「雨がふっても彼らは耐えるでしょう」と語るのです。

ブッダは答えました。
「筏《いかだ》はしっかりと結ばれ、頑丈につくられました。
すでに、激流を克服して、彼《か》の岸に渡りおわりました。
もはや筏の必要もありません。
神よ、もし雨をふらそうと望むなら、雨をふらせよ」と。

四

ダニヤさんはこの世で生きるために牧場を経営しなければなりません。そのうえで最も大切なものは、財産を象徴する牛です。ダニヤさんの牛に匹敵するような大切なものとは、ブッダにとっては何でしょうか。ブッダは筏という言葉を選びました。

この偈はたいへん有名な一偈です。仏教は、迷いのこの岸（此岸《しがん》）から迷いを超えた悟りの彼の岸（彼岸《ひがん》）に渡ることを目的としています。彼岸である向こう岸とは、涅槃（ニッバーナ）のことであり、もう二度と母体に宿ることのない境地で、解脱することを意味しています。

筏とは、向こう岸に渡る道具のことで、修行を意味しています。「筏はしっかりと結ばれ」とは、どんな修行をすることが涅槃へ至る道なのか、修行法（冥想）をはっきりと理解していることでしょう。そして、ブッダは、もうすでにわたしは向こう岸に渡りました、と宣言しています。

さて、旅人がいて目的地に行くのに川を渡らなくてはいけません。そして、川を渡るのに筏を使いました。渡りおわったときに、その筏に対する正しい扱いは何でしょうか？　筏はたいへん重宝したので頭に乗せて持っていきますか？　筏をたいへん気に入ったので、自分のものにして倉庫にしまっておきますか？　ブッダが「**もはや筏の必要はありません**」と語ったその真意は深いと思います。

仏教を志す者にとっては、四念処経《しねんじょ》(注2)にあるように、身体とこころが観察の対象です。つまり、修行に使う道具は、ほかでもない自分の「身体」と「こころ」なのです。これが、仏教でよく言われる「自灯明・法灯明」(注3)の意味するところです。その修行に欠かせない大切な道具である「身体」を含め、すべての物質的なものに、なんら価値は見出されません。物質的なものを「色」とよび、それはまさに壊れゆくものです。また、知識や経験、思考も、伝統やそれにまつわる権威などにも、ほんとうの価値は見出されません。簡単にまとめると、「諸行無常・諸法無我」「もろもろのかたちあるものは無常にして、もろもろの事象には実体がない」となります。すべては無常にして実体がないのが真実なら、この世に執着すべきものなど何ひとつないことになります。

つまり、ブッダが「もはや筏の必要はありません」と語ったのは、わたしたちが日ごろ最も大切にしている身体と認識作用、わたしたちが「自分」とよんでいるものさえ、必要ないから捨てた、と語っているのです。すべての執着から離れ、物質的なものは言うにおよばず、対象を分別して、そのものに価値入れをする分別、思考が苦しみのもとであることを見破り、ブッダはもう二度と母体に宿ることがない涅槃に至りました。この世でなすべきことのすべてをなし終えたのです。

牛飼いダニヤが言いました。
「わたしの妻は従順で、こころがゆらぐことはありません。
長い年月をともに暮らし、わたしの意にかないます。
彼女について、わたしは悪い話を聞いたことがありません。
神よ、もし雨をふらそうと望むなら、雨をふらせよ」と。

五

この偈はそれほど難解なものではありません。自分の妻はとても従順かつ貞淑で、彼女の悪いうわさなど聞いたこともない、というそのままの内容です。ここまでダニヤさんの詩は、自分の屋敷の自慢、経営する牧場や生活環境の自慢でした。そして、ここでさらに妻の自慢をし、一貫して自分の所有するものの自慢をしています。ダニヤさんは、これらの対象が変わらずに「ある」ことに幸福を見出し、悪く言うと、それらに依存した幸福観しか知らないのです。それに対してブッダは、家もないし、大切であった筏も必要ないと、まったく質の違った幸福観を見ているようです。それでは、ブッダの返答を見てみましょう。

ブッダは答えました。
「わたしのこころは従順で、解脱しています。
長い年月、完全に修養され、よく整えられています。
わたしには、いかなる悪ももはや、見出しようがありません。
神よ、もし雨をふらそうと望むなら、雨をふらせよ」と。

六

ダニヤさんが自分の妻、自分が所有しているものの自慢を誇らしげに詠うのに対して、ブッダの返答は、「**わたしのこころは従順**」です。ブッダは、こころこそが従順で意にかなうべき唯一のものであることを示されているのです。ここで、法句経《ほっく》(注4)の一番を読んでみましょう。

★すべてのできごとのもとにこころがあり、すべてはこころから生じた。もし人が汚れたこころで話し、行うなら、苦しみは彼につきまとう、車をひく牛の足に車輪が続くように。　ダンマパダ　1.

もし、人がほんとうに幸福になりたいのなら、それは簡単なことです。もとのこころが浄《きよ》らかであればいいのです。もとのこころが浄らかならば、その結果の行為として、話したり、行動したりしても、それが悪因になることはありません。不幸の種がないのです。反対に、もとのこころが汚れていたら、何をしても幸福には至りません。

また、ブッダの「**わたしには、いかなる悪ももはや、見出しようがありません**」という言葉を見逃さないでください。伝説によると、悪魔マーラは悟りをひらくまえのブッダに六年間、悟りをひらいたあとのブッダに一年間、計七年間ブッダのそばにいて、こころの隙を狙っていたと言われています。しかし、ついに一瞬の隙さえも見つけることができなかったと聞きます。ブッダには不幸の原因、何か言いたいといった衝動さえないのです。貪欲を完全に制して、何が何でも生きたいとする生存欲も、その正体を見て、捨て去ったのです。ブッダが「牟尼《むに》」、すなわち沈黙の聖者と言われたのは、このような意味があるのです。

牛飼いダニヤが言いました。
「わたしはみずから働き、みずからを養うものです。
そして、ともに暮らす息子たちも健やかです。
彼らについて、わたしは悪い話を聞いたことがありません。
神よ、もし雨をふらそうと望むなら、雨をふらせよ」と。

七

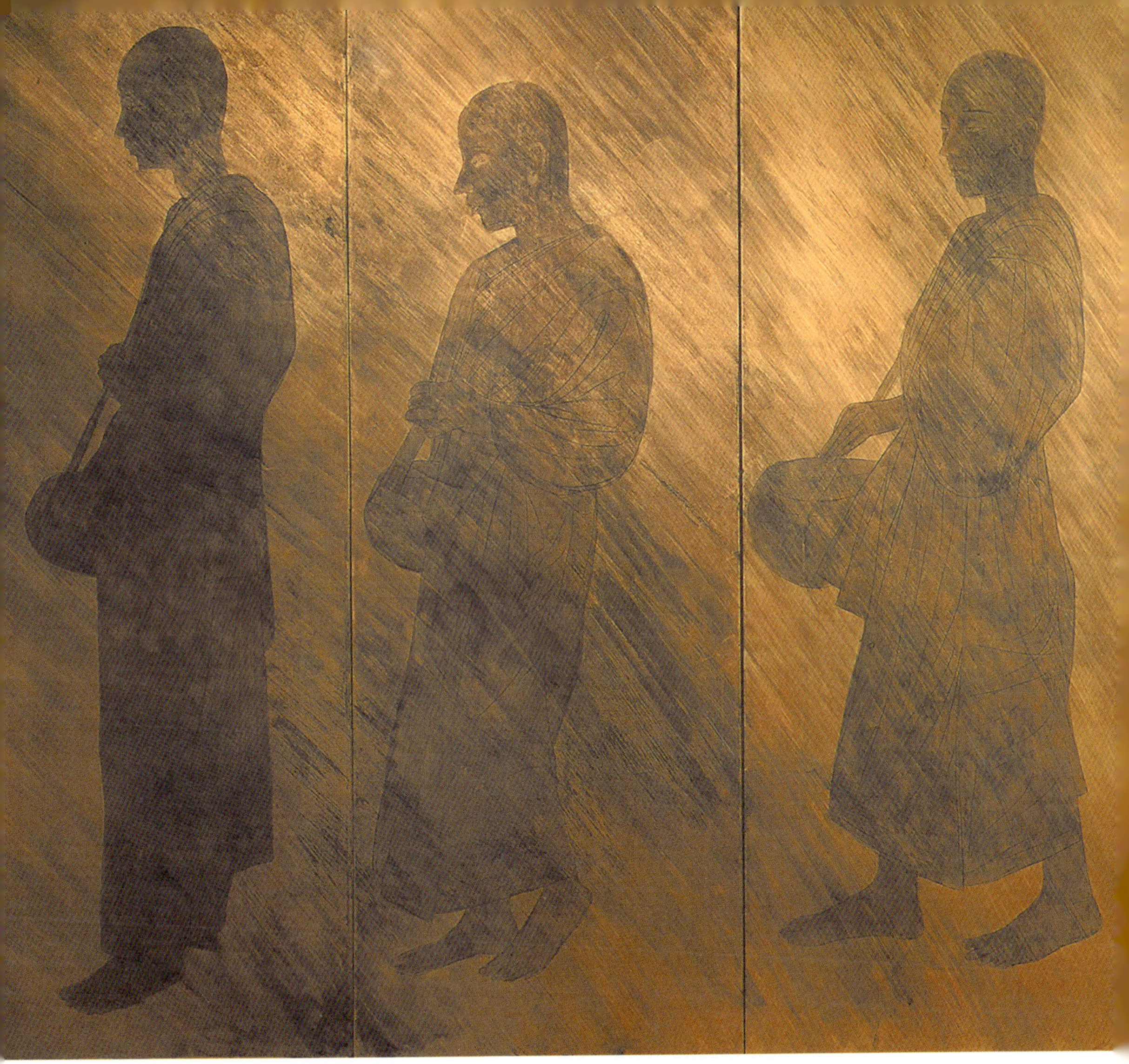

ダニヤさんの自慢話に対して、前の偈でブッダは、みずからのこころこそを整え制していると語りました。この偈で、ダニヤさんは負けじと、「わたしはみずから働き、自立しています」と反論します。そしてさらに、息子たちも育ちがよく健康で親孝行で、彼らの悪いうわさも聞いたことがない、と息子の自慢を続けるのです。

ブッダは答えました。
「わたしはだれの使用人でもありません。
托鉢《たくはつ》で得たもので、すべての世界を歩みます。
報酬を求める必要はありません。
神よ、もし雨をふらそうと望むなら、雨をふらせよ」と。

八

ブッダの返答はまず、「わたしはだれの使用人でもありません」という言葉です。これは、世俗的な意味で、わたしは雇用される者ではなく経営者です、ということではありません。世俗の束縛から離れて、「独りあるもの」として存在することを詠っています。

次の言葉が、「**托鉢で得たもので、すべての世界を歩みます**」です。托鉢とは乞食《こつじき》のことで、人がいらなくなった食べものの施しを受けることです。ただし、乞食は物乞《ものご》いではありません。托鉢をして食べものをもらうことには違いないのですが、「乞食」と「物乞い」は根本的に違います。「あれば食べる、なければ食べない」という覚悟があるのが、乞食です。ほんらい托鉢では、「ありがとうございます」とお礼を言ったりしません。人に対して求めるものがいっさいないのが、仏教の出家者としての托鉢なのです。

ブッダも肉体があるあいだは、お腹が減るなどの、肉体があるがゆえの苦しみはあったのでしょうが、こころはすでに何ものにも依存しない、完全な自由にあるのです。たとえ托鉢で一粒の米さえ得られなくても、動揺することはなかったと伝えられています。

牛飼いダニヤが言いました。
「子牛がおり、乳牛もいます。
種付けのすんだ牝牛も、若い牝牛もいます。
牛たちの王である牡牛もいます。
神よ、もし雨をふらそうと望むなら、雨をふらせよ」と。 九

ブッダが答えました。
「わたしには、子牛も乳牛もいません。
種付けがすんだ牝牛も、若い牝牛もいません。
牛たちの王である牡牛もいません。
神よ、もし雨をふらそうと望むなら、雨をふらせよ」と。 十

ダニヤさんは、幸福の根拠を一貫して物質的な豊かさ、すなわち「物があるあいだの豊かさ」として語っています。優れた環境の牧場があり、立派な屋敷があり、食料の備えもあり、使用人もおり、従順な妻や健康な子どもに恵まれて、不自由なことは何ひとつないと言うのです。

そして、九偈でダニヤさんは、自分は将来も安定していると自負しています。職業として養牛を成り立たせるためには、広い牧場が必要です。そして、肝心の牛に関しては、数種類に分類されるメスの牛たちが健康に育っていることが大切です。すなわち、

乳牛（現在、乳をしぼることのできる牛）、

子牛（育成中の子どもの牛）、

若い牝牛（若いメスの処女牛）、

種付けのすんだ牝牛（妊娠中で近い将来に子牛を生み、乳牛となるメスの牛）、

牡牛（種付けをするためのオスの牛）。

これらの牛がバランスよく一定のサイクルで育っていることが、養牛では不可欠になります。ダニヤさんは、自分の牧場にはこれらの牛がそろっていて健康な状態にあります、と語っているのです。つまり、将来的にも安定した牧場です、と自慢しているのです。

ところで、**「牛たちの王である牡牛」**という表現は、おおげさに思えるかもしれませんが、畜産の現場を知っている者にとっては、けっしてそうではありません。牡牛は牝牛とは別の生き物です。家畜といっても、牡牛・牡豚・雄鶏は、メスとはまったく違った骨格で、体型も一回り以上大きく堂々として

います。群れを率いて、外敵から群れを守る本能があるので、不注意な人間が近づくと足蹴《あしげ》にされます。ときにはたいへん危険な事故に遭うことさえあります。実際の牡牛を目の前で見ると、彼らの大きさやオスとしての威厳や力強さ、不用意に近づけない気迫を身体で感じます。

九偈で、ダニヤさんは、物質的な幸福論を説き、その物質的な豊かさが将来も続くであろうと、「あるあいだの幸福感」を語りました。

十偈のブッダの返答は、言うにおよばず、いっさいの物質に依存しない幸福です。どんな牛もいないと言うことによって、「何もないことの幸福」「持たない自由」、自分の肉体にすら執着しない寂滅が真の安らぎであることを説いているのです。

牛飼いダニヤが言いました。
「牛をつなぐ杭《くい》は、深く掘られて、ゆるがない。
ムンジャ草でつくられた縄は、新しく丈夫です。
乳牛でさえ、これを断ち切ることはできないでしょう。
神よ、もし雨をふらそうと望むなら、雨をふらせよ」と。

十一

ダニヤさんは、ブッダの言葉を聴いてはいないようです。それどころかはっきりと焦りがあらわれています。牛をつなぐ杭や縄が丈夫であることを語って、しっかりと固定されているもののなかに安定を見出そうと、必死になって、こころが揺れ動いているのが感じられます。ダニヤさんが、固定したもののなかに安定を見出そうとしている姿を、自分の姿と重ねて感じとってください。

ブッダが答えました。

「牡牛のように、束縛を断ち切り、
象がつる草を踏みにじって歩むように、執着を捨て、
わたしは二度と再び母胎に宿ることはありません。
神よ、もし雨をふらそうと望むなら、雨をふらせよ」と。

十二

ダニヤさんは、財産であれ人であれ、固定し継続してあるものに、安心安定を求めようとします。しかし、それらはいずれもやがて壊れゆくものです。ダニヤさんは、無常という真理に逆らって、永続的なもの、固定的なものがあるとしているのです。ブッダには、牛や家族に執着すること、それこそが苦しみの原因であることが明確に見えています。

ダニヤさんの言い分は、わたしたちには他人ごとではありません。現代を生きるわたしたちが、家や仕事や家族に依存し、それらが安定して「ある」ことを幸福であると思い、それこそをいちばん大切なものとして執着していることは間違いありません。そこで、ブッダは、執着こそが苦しみである、と説かれているのです。

さらに、執着することが、現世での苦しみであるだけでなく、死んでもなお次の世で自分を継続させたいとする、恐ろしい輪廻を生む原動力となることをブッダは知っています。執着の究極の姿が、なんとしても生きていたいという生存欲であることを了知して、ブッダは**「わたしは二度と再び母胎に宿ることはありません」**と堂々と詠います。生存欲こそが苦の根本であることを見て、なんとしても生きていたいという衝動、すなわち渇愛を完全に捨て去ったのです。

また、この偈で着目したいことがひとつあります。日本では、僧侶や仏教学者のなかにも、仏教は輪廻を説かない、と輪廻を否定する人がいます。しかし、この偈を見ると、ブッダは輪廻を否定するどころか、輪廻のありのままを見て、輪廻からの解脱こそを仏教の究極的な目的としていたことは、火を見るよりあきらかです。

低地にも、丘にも、溢《あふ》れるほど、
大きな雨雲がただちに雨をふらせた。
神が雨をふらせるのを聞いて、
ダニヤは次のように語った。

十三

この十三偈は、あっさりと書かれていますが、とんでもない内容です。三偈をダニヤさんが詠んだときは、はるか遠くにあった雨雲がしだいに勢いを増して、空が真っ暗になり、神はついに滝のような大雨をふらせたというのです。二〇一五年、茨城県の鬼怒川が氾濫し、堤防が決壊して白い真新しい住宅が流される映像をテレビで見ました。一見、頑丈そうな堤防があり、付近の住民はまさかその堤防が決壊して、自分の家が流されるなど想像もしなかったと思います。しかし、自然災害は容赦がありません。わたしの住む宇治市でも、二〇一二年に、ふだんは農業用水の溝のような小さな弥陀次郎《みだじろう》川が決壊して住宅が半壊しました。

さて、マヒー河は氾濫し激流となって、あっという間にダニヤさんの牧場を飲み込んでしまいました。杭につながれた牛たちは地盤ごと流され、住居も小屋もすべてが一瞬にして破壊されてしまったのです。その一部始終を見たダニヤさんはついに、ブッダの言葉の真意を覚《さと》ったのです。すべては自分の意志とは関係なく変化していきます。かたちのあるものは壊れゆくものです。これだけあれば安心としていた牧場も、乳牛も子牛も処女牛も、種付けの終わった牝牛も屋敷も、何ひとつ確かなものではありませんでした。それらは幻想のような豊かさであって、永続するものではなかったのです。いつまでも「ある」とする執着こそが、苦しみのもとであることを、ダニヤさんは覚ったのです。自然災害に遭ったり、病気になったりすることは、けっしてだれも望むことではありません。しかし、そのようなあるがままのできごとは、真理を理解するきっかけにもなります。あるがままの真理を見る者こそが、真実の幸福に至るのでしょう。

「わたしたちは世尊にお目にかかりました。
この利得はじつに少なからざるものです。
眼ある方よ、われらはあなたに帰命《きみょう》いたします。
偉大な聖者よ、わたしたちの師となってください。　十四

わたしの妻も、わたしも従順です。
正しく涅槃に至った世尊のもとで、浄らかな修行をします。
生死《しょうじ》の彼岸に至り、苦しみの終焉《しゅうえん》をなすものとなりましょう。」　十五

初期仏教の経典に出てくるダニヤさんは、実のところただ者ではありませんでした。ブッダに出会ったのちに間もなく出家し、順調に修行を積んで阿羅漢《あらかん》(注5)となられたのだと言われています。

この偈は、ダニヤさんの尋常ではない賢さを物語る一偈だと思います。目の前で自分の牧場や屋敷が流されてしまったにもかかわらず、「**わたしたちの利得はじつに少なからざるものです**」と言うのです。そして、「**それは世尊にお目にかかったおかげです**」と語ります。ダニヤさんはこの時点ですでに、大切にしていた牛たちや牧場といった物質的なものへの執着を手放したのです。執着こそが苦しみの原因であることをブッダの言葉から覚り、その場で執着を捨てたので、こころは軽く清々しく、喜びに満ちていたのです。何かに依存して、「ある」ことから得る幸福感ではなく、何ものにも依存しない、無執着なこころの自由を見たのです。それが何であれ、対象への執着を手放したときの清々しさは、経験した人にしかわからないと思います。手放したものが大きければ大きいほど、その福楽も大きいのです。

わたしのつまらない経験ですが、若い頃にインドへ仏跡巡りのひとり旅に出かけました。はじめての本格的なひとり旅でした。カルカッタの空港に降りて、街で一泊し、翌日カルカッタ駅から寝台列車で、ブッダの生誕の地ブッダガヤに向かう計画でした。昼に列車を予約して、夜の九時前に駅に行きました。プラットホームの番号を確認し、九時発の列車を確かめて乗り込みました。しかし、寝台にわたしの名前は書かれていませんでした。おかしいなぁと思いながら、寝台で休んでいました。夜中になって、自分がまちがった列車に乗ったことに気づきました。日本では、列車は出発時刻に正確にプラットホームを出ますが、なんとわたしが乗ったのは予約した列車の二台前のものでした。当時のインドでは時間どおりに列車が出発することは、まずなかったのです。わたしはパニックになりました。窓から通過する駅の名前を確認して地図で調べたら、まったく違った方向に進んでいることがわかりました。列車はベナレスの方向に向かっていました。一瞬世界が真っ暗になりました。知らない国で、真夜中に予定とまったく違った方向に進んでいる列車に乗っているのです。夜中なのでどこで降りるべきかわかりません。途方に暮れて、わたしはしばらくのあいだ思い悩んでいました。インドに旅する三ヶ月ほど前から、何度も地図を見てはルートを吟味して計画を立てました。最初の目的地をブッダガヤと決めていたのです。

どのくらいの時間思い悩んだか忘れましたが、わたしは最後にひとつの決断をしました。「それじゃ、ベナレスから旅をはじめるとするか！」そう決めたら、悩みも不安もすべて消えました。まったく出はなをくじかれましたが、インド旅行は最初から思いどおりにならない覚悟はしていたので、吹っ切れました。その小さな執着を捨てたインド旅行二日目のできごとは、その後の旅に少なからず福楽をもたらしました。どんなに準備しても、自分の思いどおりに事が運ぶことはないと覚ったからです。執着を手放したら、こころが軽く清々しくなる小さな体験でした。

その後も、わたしは人生で何度か「捨てる」経験をしました。いちばん自分にとって大きな福楽を与えてくれたのは、子どもへの執着を手放したことだと思います。子育てで悩んでいる人の多くは、親が子どもを手放しておらず、自分の所有物のように考えて、共依存して苦しんでいるのだと思います。執着された子どもは子どもで、親への依存心が強くなり、自立できず引きこもったり、ニートとよばれる社会現象まで引き起こしています。子どもは、わたしとはまったく別の生きものです。自分の所有物ではありません。自分の思いどおりに育つこともありません。愛情は与えても、心理的には離れて、放して育てることが互いの幸福なのです。彼らに願うことはあっても、期待することを捨てたのです。わたしは自分の人生を振り返って、子どもたちについて思い悩むことは、きわめて少なかったと思います。

また、冥想実践において、何か真実と言えるものが「ある」に違いないと思い、その自分の思考のなかにしかないちっぽけな理想を追い求めて、こんなんじゃダメ、これでも足りないとして、努力奮闘していたわたしが、ある日、こころの静寂は努力して得られるものではないことに静かに気づきました。何かになろう、何かになりたい、あるがままの自分を見ずして、いつもあるべき姿ばかりを追い求めている自分の姿に気づいたのです。対象が物質ではなく、理想や願いや素晴らしい信念であっても、それに執着することは苦しみです。執着を捨てること、努力そのものを捨てることが自由です。手放すことでこころが軽く浄らかになるのです。

所有から得られる幸福感とはまったく質の違う、執着を手放すことから得られる福楽こそが、自由であり幸福であることを学ぶべきです。

十五偈は、現代的に言うなら、ダニヤさんの出家宣言です。「浄らかな修行」と訳した、もとのパーリ語は、brahmacariya「ブラフマチャリヤ」です。梵行《ぼんぎょう》・清浄行と漢訳もできます。浄らかな出家生活のことですが、性的な禁戒も含んでいます。異性の身体に触れないことや性的な妄想も戒める、解脱を目標にした出家者の戒律です。「**生死の彼岸に至り、苦しみの終焉をなす**」とは、この世もあの世もともに捨て、もう二度と母体に宿ることのない涅槃に至る、解脱者になります、という意味です。

悪魔パーピマンが言った。
「子を持つものは、子によって喜ぶ。
牛を持つものは、牛によって喜ぶ。
まさに、所有することが人々の喜びです。
所有するものがない人は、喜びもない」と。

十六

十五偈で終わりかと思ったら、この経典は親切なことに、悪魔とブッダの対話がボーナス収録されています。この悪魔とブッダの対話も見逃せません。仏典にはさまざまな名前の悪魔が登場します。仏教の悪魔は、西洋の悪魔と違って、自分の煩悩から生まれるこころのささやきのことです。

わたしたち世俗に生きる凡夫は、あまりにも毎日、毎瞬、悪魔のささやきの言いなりになって、彼らと仲よく暮らしているので、その存在すら気づいていないのが実情です。悪魔とは、わたしたちが日ごろ当たり前に思うことであり、俗世間では正論と思えるのが特徴です。悟りに至る精進をする人の前には必ずやって来て、誘惑して輪廻の道へ引き戻すことが悪魔の仕事です。

以下は、伝え聞きの不確かな話ですが、ブッダが菩提樹の下で悟りをひらくまえにも、悪魔は現れました。「おまえは苦行から逃げただけだ。もう一度苦行に戻れ」と言ったり、「無駄な修行などやめて、妻子の待つ城に戻れ」と言ったりしました。しかし、ブッダが悪魔を相手にしなかったために、悪魔はシュンとなって家に帰ったそうです。悪魔には三人の娘がいて、元気のない父の姿を見て、「父さん、どうしたの」と尋ねました。悪魔は、「ブッダに相手にされなかったんだ」と意気消沈して、一部始終を娘に語りました。親孝行な三人の娘は、「じゃ、父さん、わたしたちにまかせて」と、絶世の美女に変身して、ブッダに最後の誘惑をした、というエピソードが語り継がれています。

さて、今回はダニヤさんが出家するのを邪魔しようとします。逆に言えば、ダニヤさんが出家したら解脱に至ることを、悪魔は知っていたのかもしれません。

悪魔パーピマンの言い分は次のとおりです。

「あなたね、この世で生きていて楽しいのは、子どもがいて、奥さんがいて、牛もいて、明るい家庭があるからでしょう。子どもを持つことや、家を持つことや、財産を持つことが喜びでしょうに。子どもがない、家もない、仕事もない、財産もない、そんな人生は何ひとつ楽しみがないじゃないの。出家なんてやめて、たくさんの財を所有して人生を謳歌しなさい」と。

これはまさに世俗に生きるわたしたちの人生観そのものではないでしょうか。さて、ブッダはなんと返答するのでしょうか。

ブッダが答えました。
「子を持つものは、子について悩む。
牛を持つものは、牛について悩む。
まさに、執着することが
悩み苦しみである。
じつに、執着のないものには
憂い悲しみはない」と。

十七

悪魔パーピマンの誘惑も、ダニヤさんにとっては効果がなかったようです。そこでブッダは最終的な詩を詠んで、パーピマンに引導《いんどう》を渡します。ブッダの選んだ言葉は、もとのパーリ語を見比べたらわかりますが、パーピマンの語った言葉そのままです。パーピマンが「それが喜び」と詠ったのを、ブッダは「それが苦しみ」と詠み返したのです。これはパーピマンにすれば、相手を倒そうとみずから持った棒で殴られた状態です。ブッダの言葉は、「子のないものは子のないことで悩み、子を持つものは子について悩む、財産のないものは財産のないことを嘆き、財産を持つものは財産に悩まされる。まさに、執着することが悩み苦しみである。じつに執着を捨てたものには憂いも悲しみもない」と、堂々といっさいの執着を超えた詩を詠いました。わたしたちが「喜び・幸福」としていること自体が、「苦しみ」や「苦しみのもと」であるということのようです。これでこの経典は終わりです。

さて、初期仏教のパーリ語経典の世界を楽しんでいただけたでしょうか。ここで大きな問題がありま す。ダニヤさんはみごとに悪魔の誘惑に打ち勝って、ブッダの説いた真実の幸福への道を着実に歩み出しました。しかし、これは他人ごとです。ダニヤ経の読みはじめ、わたしたちはダニヤさんを愚かで哀れな牛飼いと思っていました。しかし、ダニヤさんはみるみる成長して、ついには立派な出家者となりました。さて、わたしたちはどうでしょうか？　平成の現在を生きる現実のわたしは、けっしてダニヤさんのようではないことを自覚せざるをえません。

わたしなんか、毎日何よりも食べることが楽しみです。家があって、妻がいて、仕事も財産もあります。

そうして、毎日愚かにも、今日は何を食べようかなぁ…と考えて、好きなものを買いに行って、料理して、おまけに、晩酌まで楽しんで日々暮らしています。初期仏教に出会ってからは、可能なかぎり五戒を意識しています。毎日慈経をよみ、ヴィパッサナー冥想も一時間以上は実践しています。しかし、わたしはいぜんとして、世俗的な、あるあいだの豊かさを大切にして、平成の現在を生きる者です。わたしはどんなに仏教の勉強をして、立派な本を書いても、なすべきことをなし終えた者ではありません。わたしはこの経にある牛飼いのダニヤさんよりもはるかに愚か者としてここにあります。まずはそのありのままの自分を、愚かで無慈悲であさましい自分の姿を認めることから出発しなければなりません。もし、わたしに救いがあるとしたら、毎日ブッダの姿を念じ、冥想し精進することです。哀れで愚かなありのままの自分も、絶対的なものではないことが理解されます。無駄な努力を捨て、気づきを怠ることなく精進したいものです。

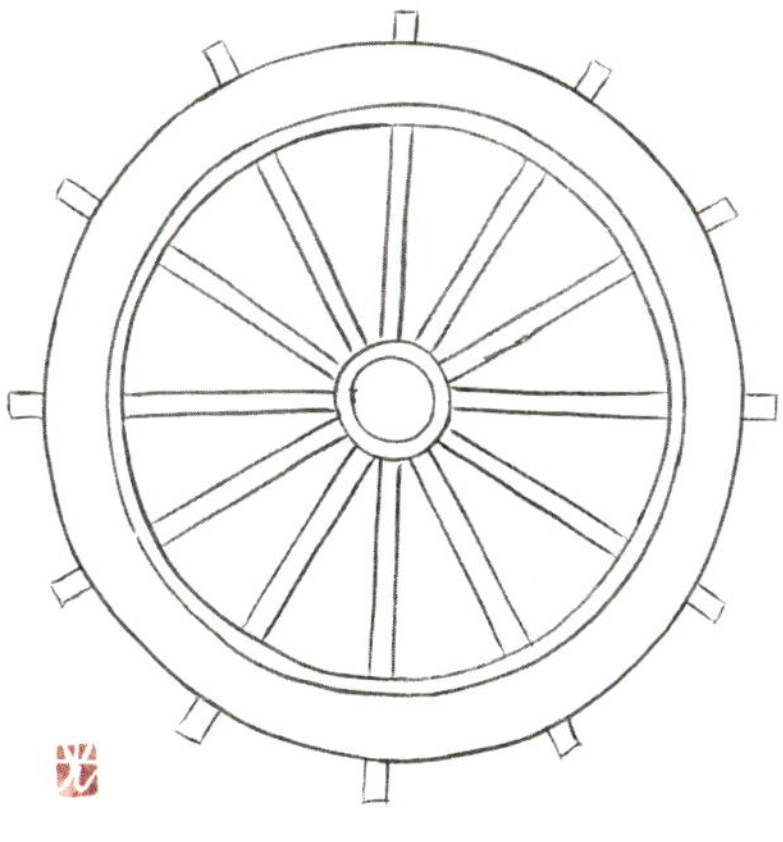

〈注釈〉

p.10

（注1）　神　deva　　ここでいう「神」とは、西洋の一神教による神とは違い、日本でいう「カミナリさん」とか、風神雷神のような自然をつかさどる象徴としての神です。「天」と訳すこともできます。

p.22

（注2）　四念処　cattāro satipaṭṭhānā　　中部経典の四念処経に、「比丘《びく》らよ、ここに唯一の道がある。それは、生きとし生けるものが浄らかになるため、悲しみと嘆きを乗り越え、こころと身体の苦しみがなくなり、もののあり方を正しく知り、涅槃を体験するための道である。その道とは四念処、四つの気づきの実践である」とあります。悟りに至る修行において中核となる観察法、冥想法を語っています。四念処とは、「身・受・心・法」の四つの気づきの場所という意味です。冥想で自分を知るとは、身＝身体の観察、受＝感覚の観察、心＝こころの観察、法＝こころの対象となるすべての観察、この四つのことを言います。

p.22

(注3)　自灯明・法灯明　attadīpa dhammadīpa　「アーナンダよ、自分を灯《ともしび》として、自分をたよりにして、他に依存しないで生きなさい。真理（法）を灯として、真理をたよりにして、他に依存しないで生きなさい」という涅槃経の一節からできた言葉です。自灯明の具体的な内容として、四念処、先に説明した四つの観察を修行のよりどころにしなさい、とブッダは語っています。

p.29

(注4)　法句経　dhammapada(ダンマパダ)　初期仏教経典では、いちばん有名なお経です。小部経典に含まれており、短い句を編集した経です。日本では、「ブッダの真理のことば」として親しまれています。

p.51

(注5)　阿羅漢　arahant　初期仏教において、仏教に入門し到達しうる最高位を言います。これ以上学ぶ必要がないので、無学とも言います。それ以下の悟りの段階である、不還《ふげん》・一来《いちらい》・預流果《よるか》を有学と言います。なお、パーリ語経典に伝わる注釈書によると、ブッダとの問答ののち、ダニヤと彼の妻は出家し仏弟子となり、修行を完成して阿羅漢となったとあります。つまり、ふたりは、なすべき仕事をついになし終えたのです。

追記

《ダニヤさんについて》

ダニヤさんの職業は牛飼いです。しかし、労働者ではありません。注釈書には三万頭の牛を飼育していたという記述があります。

当時のインド社会で貨幣経済がどの程度発展していたのか、わたしは詳しくは知りませんが、牛は財産を意味する貴重な存在でした。言うならば、牛はマイカーであり、耕運機であり、銀行預金であり、各種保険であり、しかも食材としての牛乳まで供給してくれる、財の象徴だったのです。そんなことも関連してか、インド文化圏で牛は神聖な動物とされ、現在でも牛を殺して、その肉を食べることがないのです。インドにビーフカレーがないのは、このような背景があるのです。わたしたち日本人の感覚でたとえると、奈良公園の鹿を殺して食べるとか、湖にいる美しい白鳥を食べるような感じでしょうか。

ダニヤさんは牧場を経営し、牧場にはたくさんの牛たちと豊かな牧草地があり、家族が住む家のほかに、使用人たちが住む小屋もあり、たいへん恵まれた生活をしていたようです。現代的に言うなら、経営状態のよい大会社の社長さんといったところです。また、ブッダに語った内容からしても、本人も家族もみな健康で仲がよく、申し分のない人生を謳歌する五十代ぐらいの男性であったと想像できます。

《ダニヤ経の印象からわかること》

ダニヤ経では、最初にダニヤがブッダに対して問答を仕掛けるという場面から、ストーリーが展開していきます。わたしがこのダニヤ経をはじめて読んだときの第一印象は、「仏教経典なのに、なんで牛飼いのダニヤが登場するの？　しかもそのダニヤの第一声が、わたしは乳をしぼって、ご飯も炊きましたって、これがほんとうにお経なの？」です。つまり、「これ地味過ぎやろ！」と思ったのです。このわたしの第一印象には、じつは大きな意味があります。

この経が最初に編集されてから約千年ののちに、たくさんの経典がほぼ同時期に中国に渡りました。中国の仏教僧たちは、これらの経典を時期と内容によって分類し、その優劣を選択《せんちゃく》したのです。これを教相判釈《きょうそうはんじゃく》と言います。中国や日本で発展した仏教では、「選択」こそが肝心かなめだったのです。

類推すると、そのとき中国の僧たちも、わたしと同じ印象を受けたに違いありません。大乗経典には、大日如来や阿弥陀如来はじめ多くの菩薩などのヒーローがいて、わたしたちの願いを受け入れ、「わが名を呼ぶものはすべて救いとる」とか、かっこいいのです。また、宇宙観や、ほかの如来のきらびやかな理想世界が描かれていて、龍など空想上の生き物が登場したり、その内容はハリウッドのＳＦ映画のようです。ところが、スッタニパータに登場するキャラクターは、蛇・牛・猿・サイ、ダニヤのような無名の人たちです。描かれている内容も、いずれも日常に直結した地味なものです。生身の人間であったブッダが現実に生きているあいだに起きたエピソードをもとにしてまとめられているので、それも当たり前なのです。そんなわけで、残念ながら中国や日本では、初期仏教のパーリ語経典の部類は、最も価値の低い経と位置づけられてしまったのだと思われます。

中国仏教に強い影響を受けた日本仏教も、法華経・般若経・浄土経・大日経などの大乗経典を中心に発展しました。最澄も空海も法然も親鸞も、パーリ語をもとにした初期仏教経典こそが正真のブッダの教えであるとはご存じなかったのかもしれません。

また、わたしが生まれてから現在まで、般若心経について書かれた本は星の数ほどあるにもかかわらず、ダニヤ経について書かれた本は、もしかしたらわたしのこの本が最初かもしれません。そういう意味では、残念ながら、パーリ語経典や初期仏教の教えも、わたしの本も、日本ではマイノリティ・リポート（少数派の報告）なのです。しかし、あえてここで言明しておきますが、人間の姿をして生きた、実在のブッダの姿を知ることができるのは、日本では少数派のこれらの初期仏教経典であることは間違いありません。

どうぞ、一偈一偈をじっくり味わってください。

おわりに

ダニヤ経をはじめて目にしたのは、今から約四十年前の学生時代です。中村元先生の著書「ブッダのことば」の二番目に出ていました。先にも述べましたが、正直なところ、わたしはダニヤ経の最初の言葉に面喰《くら》いました。「わたしはもう飯を炊き、乳をしぼってしまった」です。こんなお経は見たことがありませんでした。それまでわたしが馴染《なじ》んでいたのは、漢訳された大乗仏教経典でした。当然すべて漢字です。漢訳の大乗経典とダニヤ経の書き出しを並べてみます。

大乗経典類【如是我聞一時仏在舎衛国祇樹給孤独園…】

般若心経【観自在菩薩行深般若波羅蜜多時…】

ダニヤ経【わたしはもう飯を炊き、乳をしぼってしまった…】

わたしには、これがほんものの仏教経典であることが理解できませんでした。知識として、大乗経典類より五百年も古く、正真のブッダの言葉に最も近いと聞いていても、漢訳経典こそが正しい経として教えられてきた観念は、簡単にはぬぐえませんでした。わたしが、ダニヤ経を含んだスッタニパータなどの、パーリ語で伝わっている初期仏教経典こそが、正真のブッダの言葉なのだと、ありのままを理解したのは、それから三十年後のことです。

上座仏教の長老である、スマナサーラ師の本に出会ったことがきっかけでした。長老は著書のなかで、「ダニヤ経は、何度読んでも感動する、あまりにも洗練された経典で、完璧で、何ひとつ欠けているところのない経です。原文の詩は韻をふんだ美しいものですが、パーリ語のなかでもかなり古いパーリ語が使われていて、ふつうのパーリ語辞典では意味が通らないかもしれません」とダニヤ経を紹介されています。

わたしが、長老がおっしゃるように、ダニヤ経が洗練された、しかも美しい、完璧な経典であることをほんとうに理解したのは、その後長老の導きにより、気づきの冥想を修し、パーリ語を正田大観先生に教わり、自分でダニヤ経を日本語に訳してみたときです。目から鱗が落ちました。ブッダの教えの真髄に触れてこころが震えました。その感動を多くの人に伝えたいと思ったのが、この本を書いたきっかけです。

ダニヤ経はわずか十七偈からなる短い経典ですが、ダイナミックでドラマチックな展開があります。紙芝居のように仕上げて、より多くの人に、子どもたちにも伝えたいと、構想を練りはじめました。小学校の教員時代に紙芝居を作った経験があるので、自分で絵を描いて絵本にしようと考えました。しかし、わたしは画家ではありませんし、出版して人に見せるほどの絵は描けません。どうしたことかと思案していました。そのとき、「どんな作品にしたいのか。いちばんの理想は？」と自分に問いかけてみました。理想の作品はすぐに浮かびました。それは、尊敬していた、同じ浄土教の僧籍を持つ日本画家、畠中光享先生に絵を描いてもらうことです。思いついたとき、それは叶わぬ夢だろうとためらいました。

畠中光享先生の作品は大好きで、憧れの先生でしたが、お会いしたこともないし、どこにおられるのか、生きておられるのかも知りませんでした。あくる朝、わたしは駄目もとで、Google 検索からはじめて、情報を手繰り寄せ、数日後に畠中先生への依頼をこころみました。原稿をお送りしたところ、先生はすぐに絵を描くことを承諾してくださいました。これはわたしにとっては奇跡のようなできごとでした。

思えば、この本がこうしてこの世に姿をあらわすにも、お釈迦さまからはじまる、脈々とした縁がはたらいていることに、今さらながら驚きを覚えます。

先にも述べましたように、大きな起点はスマナサーラ長老の著書との出会いですが、それ以前に中村元先生、友松圓諦先生、水野弘元先生の著書に触れたこと、そのほかにも上座仏教祖師方の著書や、ワンギーサ師のブログなどのおかげで、この本を完成させることができました。

わたしの持論では、南伝の根本仏教がようやく本格的に日本に伝わりはじめたのは、じつに今世紀、今現在です。このような実感をしている人は、けっしてわたしひとりではないと思います。

どうぞこの本を手にされた方には、先達の長老方、そしてお釈迦さまへと一直線に通じる、伝承された真理、ダンマ（法）と喜びを授かってほしいと願います。

最後に、本文を読まれた方は、やさしくわかりやすい言葉で書かれていることに気づかれたと思います。私の書いた原文は、このような読みやすい文章ではありませんでした。こうやって人にお見せできる姿になったのは、吉水容子の編集の賜物です。

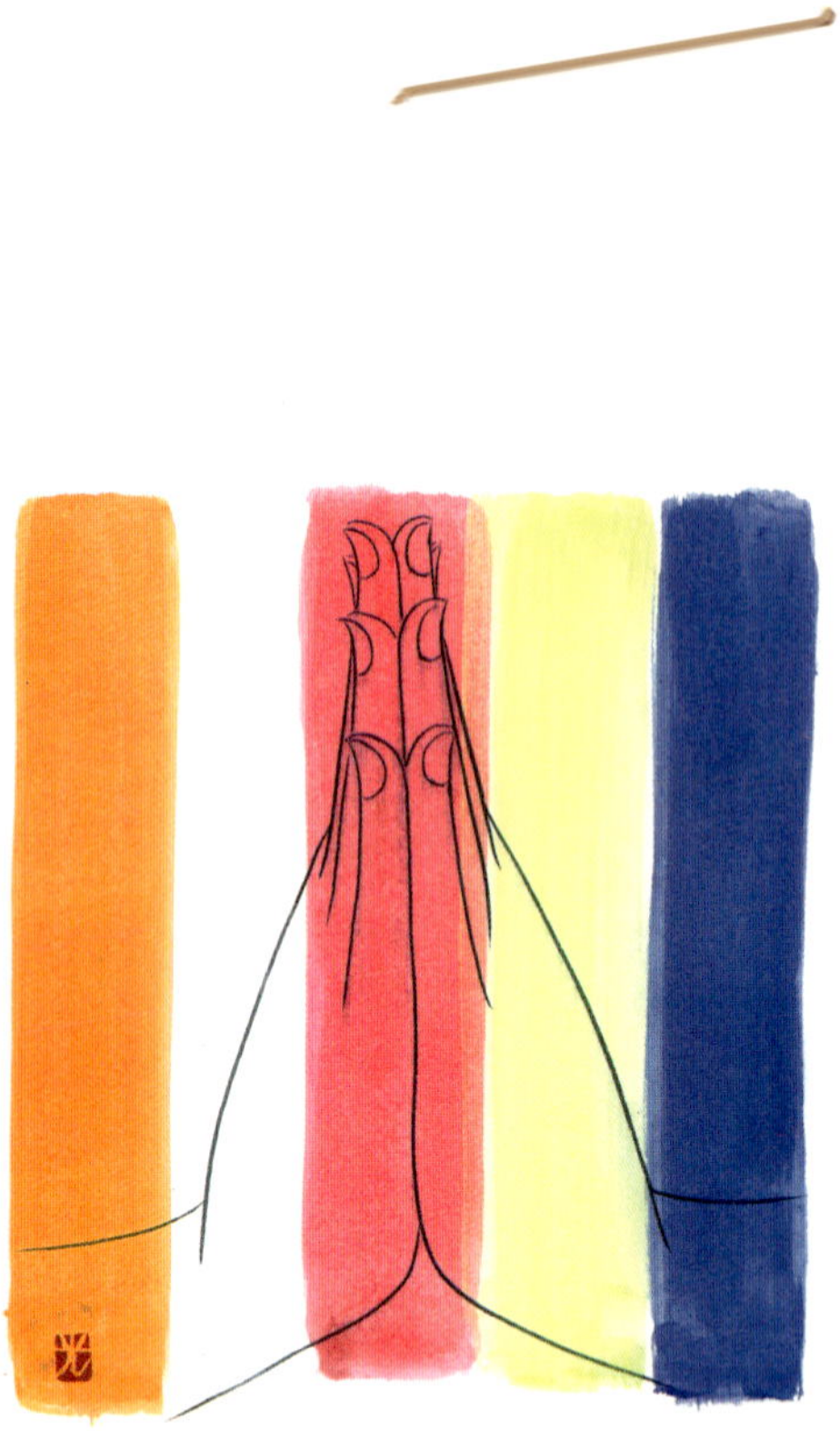

お世話になったみなさまに、こころより感謝申し上げます。

吉水秀樹　三拝

畠中光享　あとがき

ダニヤ経は釈尊の言葉に最も近い経典とされるスッタニパータ第一章第二節です。スッタとはパーリ語であり、サンスクリットではスートラと言い、漢訳では経と訳されています。経とは文字のとおり経《たて》糸のことで、緯《よこ》糸が経糸の上下の間に入ることにより布が出来ます。経糸は釈尊の真理であり、緯糸は短い詩句です。スッタニパータもそのような形で表されています。

スッタニパータは五章からなっていますが、第一章は蛇の章で、最も人の生き方の指針を示してくれています。私は第三節の犀の角、第七節の賤《いや》しい人、第八節の慈しみを中心に読んできました。第二節のダニヤを深く読み解くことがこれまでありませんでした。吉水ご住職がダニヤを本にしたいと申された時は尻込みしました。しかし、ダニヤ経を味わうことのきっかけを作っていただきました。そのことから「牛飼いのダニヤ」を描きたいと思うようになり、二曲屏風《びょうぶ》に描いたのが表紙の絵です。私は毎年数点の大作（二曲屏風以上）を描いていますが、大作を描くにはしっかりとした想いと精神力と体力が必要です。

これまで単独でダニヤ経が取り上げられたことはないと思います。そのことでも吉水ご住職に敬意を払います。

畠中　光享

16. "Nandati puttehi puttimā, (iti māro pāpimā)
ナンダティ プッテーヒ プッティマー (イティ マーロー パーピマー)
喜ぶ 子によって 子のある人は (と 悪魔 パーピマンは)

Gomā gohi tatheva nandati;
ゴーマー ゴーヒ タテーワ ナンダティ
牛を持つ人は 牛によって まさにそのように 喜ぶ

Upadhī hi narassa nandanā,
ウパディー ヒ ナラッサ ナンダナー
依存は じつに 人々の 喜び

Na hi so nandati yo nirūpadhi".
ナ ヒ ソー ナンダティ ヨー ニルーパディ
ない じつに 彼は 喜ぶ 人は 依存のない

悪魔パーピマンが言った。「子を持つものは、子によって喜ぶ。
牛を持つものは、牛によって喜ぶ。
まさに、所有することが人々の喜びです。
所有するものがない人は、喜びもない」と。

17. "Socati puttehi puttimā, (iti bhagavā)
ソーチャティ プッテーヒ プッティマー (イティ バガワー)
憂う 子によって 子を持つ人は (と 世尊は)

Gopiyo gohi tatheva socati;
ゴーピヨー ゴーヒ タテーワ ソーチャティ
牛を持つ人は 牛によって そのように 憂う

Upadhī hi narassa socanā,
ウパディー ヒ ナラッサ ソーチャナー
依存は じつに 人々の 悩み

Na hi so socati yo nirūpadhī" ti.
ナ ヒ ソー ソーチャティ ヨー ニルーパディー ティ
ない じつに 彼は 憂う 人は 依存のない と

ブッタが答えました。「子を持つものは、子について悩む。
牛を持つものは、牛について悩む。
まさに、執着することが悩み苦しみである。
じつに、執着のないものには憂い悲しみはない」と。

14. “Lābhā vata no anappakā,
ラーバー　ワタ　ノー　アナッパカー
利得は　じつに　わたしたちの　多くの

Ye mayaṃ bhagavantaṃ addasāma;
イェー　マヤン　バガワンタン　アッダサーマ
それは　われらが　世尊を　見た

Saraṇaṃ taṃ upema cakkhuma,
サラナン　タン　ウペーマ　チャックマ
拠り所に　あなたに　わたしたちは近づく　眼ある方よ

Satthā no hohi tuvaṃ mahāmuni.
サッター　ノー　ホーヒ　トゥワン　マハームニ
師で　わたしたちの　あってください　あなたは　偉大なる聖者よ

「わたしたちは世尊にお目にかかりました。
この利得はじつに少なからざるものです。
眼ある方よ、われらはあなたに帰命いたします。
偉大な聖者よ、わたしたちの師となってください。

15. Gopī ca ahañca assavā,
ゴーピー　チャ　アハンチャ　アッサワー
牛飼い女　も　わたし　も　従順な

Brahmacariyaṃ sugate carāmase;
ブラフマチャリヤン　スガテー　チャラーマセー
梵行を　善き人のもとで　行う

Jātimaraṇassa pāragū,
ジャーティマラナッサ　パーラグー
生死の　彼岸に至り

Dukkhassantakarā bhavāmase”.
ドゥッカッサンタカラー　バワーマセー
苦の終焉をなす者に　なりましょう

わたしの妻も、わたしも従順です。
正しく涅槃に至った世尊のもとで、浄らかな修行をします。
生死の彼岸に至り、
苦しみの終焉をなすものとなりましょう。」

13. **Ninnañca** **thalañca** **pūrayanto,**
ニンナンチャ タランチャ プーラヤントー
低地に も 高地に も 溢れさせながら

Mahāmegho **pavassi** **tāvadeva;**
マハーメーゴー パワッシ ターワデーワ
大きな雨雲が ふりそそいだ ただちに

Sutvā **devassa** **vassato,**
ストゥワー デーワッサ ワッサトー
聞いて 神が 雨をふらせているのを

Imamatthaṃ **dhaniyo** **abhāsatha.**
イマママッタン ダニヨー アバーサタ.
この意味を ダニヤは 語った

低地にも、丘にも、溢れるほど、
大きな雨雲がただちに雨をふらせた。
神が雨をふらせるのを聞いて、
ダニヤは次のように語った。

※テキストはVRI版(Vipassana Research Institute)を使用

11. “Khilā nikhātā asampavedhī, (iti dhaniyo gopo)
キラー ニカーター アサンパヴェーディ (イティ ダニヨー ゴーポー)
杭は 掘った ゆるがない (と ダニヤは 牛飼い)

Dāmā muñjamayā navā susaṇṭhānā;
ダーマー ムンジャマヤー ナワー スサンターナー
縄は ムンジャ草製の 新しい よく作られた

Na hi sakkhinti dhenupāpi chettum,
ナ ヒ サッキンティ デーヌパーピ チェットゥン
ない じつに できるだろう 乳牛でさえ 切断することは

Atha ce patthayasī pavassa deva”.
アタ チェー パッタヤシー パワッサ デーワ
また もし 望むなら 雨をふらせ 神よ

牛飼いダニヤが言いました。「牛をつなぐ杭は、深く掘られて、ゆるがない。
ムンジャ草でつくられた縄は、新しく丈夫です。
乳牛でさえ、これを断ち切ることはできないでしょう。
神よ、もし雨をふらそうと望むなら、雨をふらせよ」と。

12. “Usabhoriva chetva bandhanāni, (iti bhagavā)
ウサボーリワ チェトゥワ バンダナーニ (イティ バガワー)
牡牛のように 切断して 結縛を (と 世尊は)

Nāgo pūtilataṃva dālayitvā;
ナーゴー プーティラタンワ ダーライトゥワー
象が つる草を のように 引き裂いて

Nāhaṃ punupessaṃ gabbhaseyyaṃ,
ナーハン プヌペッサン ガッバセイヤン
わたしは ない 再び 近づく 母胎に

Atha ce patthayasī pavassa deva”.
アタ チェー パッタヤシー パワッサ デーワ
また もし 望むなら 雨をふらせ 神よ

ブッダが答えました。「牡牛のように、束縛を断ち切り、
象がつる草を踏みにじって歩むように、執着を捨て、
わたしは二度と再び母胎に宿ることはありません。
神よ、もし雨をふらそうと望むなら、雨をふらせよ」と。

9. "Atthi vasā atthi dhenupā, (iti dhaniyo gopo)
アッティ ワサー アッティ デーヌパー (イティ ダニヨー ゴーポー)
いる 子牛 いる 乳牛 (と ダニヤは 牛飼い)

Godharaṇiyo paveṇiyopi atthi;
ゴーダラニヨー パヴェーニヨーピ アッティ
はらんだ牛 処女牛も いる

Usabhopi gavampatīdha atthi,
ウサボーピ ガワンパティーダ アッティ
牡牛も 牛王 ここに いる

Atha ce patthayasī pavassa deva".
アタ チェー パッタヤシー パワッサ デーワ
また もし 望むなら 雨をふらせ 神よ

牛飼いダニヤが言いました。「子牛がおり、乳牛もいます。
種付けのすんだ牝牛も、若い牝牛もいます。
牛たちの王である牡牛もいます。
神よ、もし雨をふらそうと望むなら、雨をふらせよ」と。

10. "Natthi vasā natthi dhenupā, (iti bhagavā)
ナッティ ワサー ナッティ デーヌパー (イティ バガワー)
いない 子牛 いない 乳牛 (と 世尊は)

Godharaṇiyo paveṇiyopi natthi;
ゴーダラニヨー パヴェーニヨーピ ナッティ
はらんだ牛 処女牛も いない

Usabhopi gavampatīdha natthi,
ウサボーピ ガワンパティーダ ナッティ
牡牛も 牛王 ここに いない

Atha ce patthayasī pavassa deva".
アタ チェー パッタヤシー パワッサ デーワ
また もし 望むなら 雨をふらせ 神よ

ブッダが答えました。「わたしには、子牛も乳牛もいません。
種付けがすんだ牝牛も、若い牝牛もいません。
牛たちの王である牡牛もいません。
神よ、もし雨をふらそうと望むなら、雨をふらせよ」と。

7. "Attavetanabhatohamasmi, (iti dhaniyo gopo)
アッタヴェータナバトーハマスミ　（イティ ダニヨー ゴーポー）
自分の 賃金で 養う わたしは ある　（と　ダイヤは　牛飼い）

Puttā ca me samāniyā arogā;
プッター　チャ　メー　サマーニヤー　アローガー
息子たちは　また　わたしの　同じく　無病の

Tesaṃ na suṇāmi kiñci pāpaṃ,
テーサン　ナ　スナーミ　キンチ　パーパン
彼らについて　ない　わたしは聞く　何であれ　悪を

Atha ce patthayasī pavassa deva".
アタ　チェー　パッタヤシー　パワッサ　デーワ
また　もし　望むなら　雨をふらせ　神よ

牛飼いダニヤが言いました。「わたしはみずから働き、みずからを養うものです。
そして、ともに暮らす息子たちも健やかです。
彼らについて、わたしは悪い話を聞いたことがありません。
神よ、もし雨をふらそうと望むなら、雨をふらせよ」と。

8. "Nāhaṃ bhatakosmi kassaci, (iti bhagavā)
ナーハン　バタコースミ　カッサチ　（イティ バガワー）
ない わたしは　使用人である　だれかの　（と　世尊は）

Nibbiṭṭhena carāmi sabbaloke;
ニッビッテーナ　チャラーミ　サッバローケー
得たものによって　わたしは行く　全世界を

Attho bhatiyā na vijjati
アットー　バティヤー　ナ　ヴィッジャティ
必要は　報酬の　ない　見出される

Atha ce patthayasī pavassa deva".
アタ　チェー　パッタヤシー　パワッサ　デーワ
また　もし　望むなら　雨をふらせ　神よ

ブッダは答えました。「わたしはだれの使用人でもありません。
托鉢で得たもので、すべての世界を歩みます。
報酬を求める必要はありません。
神よ、もし雨をふらそうと望むなら、雨をふらせよ」と。

5. “Gopī mama assavā alolā, (iti dhaniyo gopo)
ゴーピー ママ アッサワー アローラー （イティ ダニヨー ゴーポー）
牛飼い女は わたしの 従順な 不動の （と ダニヤは 牛飼い）

Dīgharattaṃ saṃvāsiyā manāpā;
ディーガラッタン サンワーシヤー マナーパー
長い夜を ともに住む 意にかなう

Tassā na suṇāmi kiñci pāpaṃ,
タッサー ナ スナーミ キンチ パーパン
彼女についての ない わたしは聞く 何であれ 悪いことを

Atha ce patthayasī pavassa deva”.
アタ チェー パッタヤシー パワッサ デーワ
また もし 望むなら 雨をふらせ 神よ

牛飼いダニヤが言いました。「わたしの妻は従順で、こころがゆらぐことはありません。

長い年月をともに暮らし、わたしの意にかないます。

彼女について、わたしは悪い話を聞いたことがありません。

神よ、もし雨をふらそうと望むなら、雨をふらせよ」と。

6. “Cittaṃ mama assavaṃ vimuttaṃ, (iti bhagavā)
チッタン ママ アッサワン ヴィムッタン （イティ バガワー）
こころは わたしの 従順な 解脱している （と 世尊は）

Dīgharattaṃ paribhāvitaṃ sudantaṃ;
ディーガラッタン パリバーヴィタン スダンタン
長い夜 完全に修養され よく整えられて

Pāpaṃ pana me na vijjati,
パーパン パナ メー ナ ヴィッジャティ
悪は そして わたしに ない 見出される

Atha ce patthayasī pavassa deva”.
アタ チェー パッタヤシー パワッサ デーワ
また もし 望むなら 雨をふらせ 神よ

ブッダは答えました。「わたしのこころは従順で、解脱しています。

長い年月、完全に修養され、よく整えられています。

わたしには、いかなる悪ももはや、見出しようがありません。

神よ、もし雨をふらそうと望むなら、雨をふらせよ」と。

3. "Andhakamakasā na vijjare, (iti dhaniyo gopo)
アンダカマカサー ナ ヴィッジャレー (イティ ダニヨー ゴーポー)
黒バエ 蚊 ない 見出される (と ダニヤは 牛飼い)

Kacche rūḷhatiṇe caranti gāvo;
カッチェー ルールハティネー チャランティ ガーヴォー
沼で 成長した草を 歩く 牛は

Vuṭṭhimpi saheyyumāgataṃ,
ヴッティンピ サヘイユマーガタン
雨にも 耐えるだろう 来た

Atha ce patthayasī pavassa deva".
アタ チェー パッタヤシー パワッサ デーワ
また もし 望むなら 雨をふらせ 神よ

牛飼いダニヤが言いました。「ハエや蚊もいません。
牛たちは、沼地でよく育った草を食べて歩む。
たとえ雨がふっても、彼らは耐えられるでしょう。
神よ、もし雨をふらそうと望むなら、雨をふらせよ」と。

4. "Baddhāsi bhisī susaṅkhatā, (iti bhagavā)
バッダーシ ビシー スサンカター (イティ バガワー)
縛られた 筏は よく作られた (と 世尊は)

Tiṇṇo pāragato vineyya oghaṃ;
ティンノー パーラガトー ヴィネイヤ オーガン
渡った 彼岸に至った 克服して 激流を

Attho bhisiyā na vijjati,
アットー ビシヤー ナ ヴィッジャティ
意義は 筏の ない 見出される

Atha ce patthayasī pavassa deva".
アタ チェー パッタヤシー パワッサ デーワ
また もし 望むなら 雨をふらせ 神よ

ブッダは答えました。「筏はしっかりと結ばれ、頑丈につくられました。
すでに、激流を克服して、彼の岸に渡りおわりました。
もはや筏の必要もありません。
神よ、もし雨をふらそうと望むなら、雨をふらせよ」と。

パーリ語と読み方　Dhaniyasutta　ダニヤスッタ

1. “Pakkodano　duddhakhīrohamasmi,　(iti dhaniyo gopo)
パッコーダノー　ドゥッダキーローハマスミ　（イティ ダニヨー ゴーポー）
飯を炊き　乳をしぼって　わたしはある　（と　ダニヤは　牛飼い）

Anutīre　mahiyā　samānavāso;
アヌティーレー　マヒヤー　サマーナワーソー
岸辺に　マヒー河の　ともに　住まいが

Channā　kuṭi　āhito　gini,
チャンナー　クティ　アーヒトー　ギニ
葺かれた　小屋は　燃えている　火が

Atha　ce　patthayasī　pavassa　deva”.
アタ　チェー　パッタヤシー　パワッサ　デーワ
また　もし　望むなら　雨をふらせ　神よ

牛飼いダニヤが言いました。「わたしは、乳をしぼって、ご飯も炊いて、ここにいます。

マヒー河のほとりに、家族と暮らす住まいがあります。

わが家の屋根は葺かれ、火が焚かれています。

神よ、もし雨をふらそうと望むなら、雨をふらせよ」と。

2. “Akkodhano　vigatakhilohamasmi,　(iti bhagavā)
アッコーダノー　ヴィガタキローハマスミ　（イティ バガワー）
怒りなき　頑固でない　わたしはある　（と　世尊は）

Anutīre　mahiyekarattivāso;
アヌティーレー　マヒイェーカラッティワーソー
岸辺に　マヒー河の　一夜の住まいが

Vivaṭā　kuṭi　nibbuto　gini,
ヴィワター　クティ　ニッブトー　ギニ
開いた　小屋は　寂滅した　火は

Atha　ce　patthayasī　pavassa　deva”.
アタ　チェー　パッタヤシー　パワッサ　デーワ
また　もし　望むなら　雨をふらせ　神よ

ブッダは答えました。「わたしは、怒りと頑固さを離れたものとして、ここにいます。

マヒー河のほとりで、一夜の宿りをなします。

家は解体され、火は消されています。

神よ、もし雨をふらそうと望むなら、雨をふらせよ」と。

定価（本体 1.800 円＋税）

吉水秀樹（よしみず ひでき）
1959 年　京都府生まれ。現安養寺住職。
著書に「ブッダとなる瞬間」（コスモスライブラリー）。
仏教学びの会・冥想会を主催。問い合わせ先：anyouji28@outlook.jp
Facebook「安養寺みんなの仏教」

畠中光享（はたなか こうきょう）
1947 年　奈良県生まれ。日本画家、インド美術研究者。
著書に「仏像の歩み」（春秋社）、
“Textile Arts of India”（クロニクルブックス USA）など。
興福寺中金堂柱絵制作、平成 30 年立柱。

ダニヤ経

―ブッダが説くゆるがないしあわせ―

著者　吉 水 秀 樹

2018 年 12 月 12 日　第一刷発行

発 行 者　光本　稔
発　　行　株式会社　方丈堂出版
〒601-1422　京都市伏見区日野不動講町 38-25
Tel 075-572-7508　Fax 075-571-4373
発　　売　株式会社　オクターブ
〒606-8156　京都市左京区一条寺松原町 31-2
Tel 075-708-7168　Fax 075-571-4373
印刷製本　有限会社　新進堂印刷所
〒611-0021 京都府宇治市宇治妙楽 9 番地
Tel 0774-22-3024 Fax0774-23-0649
mail:info@shinshin-do.co.jp

ⓒYOSHIMIZU HIDEKI Printed in Japan
ISBN978-4-89231-202-1

乱丁・落丁の場合はお取り替えいたします。